개경전

김유경 시집

ⓒ 개경전

지은이 ● 김유경

펴낸이 ● 강옥현

수 간 ● 양재일

발행처 ● 도서출판 오감도

초판 인쇄 ● 2025년 9월 30일

초판 발행 ● 2025년 10월 2일

전화 070-7778-2591 010-3206-2591

팩스 (031) 775-0161

출판 등록일 ● 제 10-1651(98. 10. 15)

서울시 중구 을지로3가 268 유일빌딩 604호

ISBN 978-89-5698-449-0 03810

값 10,000원

* 이 책은 경상남도, 경남문화예술진흥원의 문화예술 지원을
일부 받아 발간되었습니다

넘어졌다 일어나기를 수십 번

배롱나무 가지 끝 부여잡고
아등바등 등불 하나 밝히기 위해 살아왔다

어릴 적 어머님께서 하시던 말씀
머리맡에 책이 있어야 앞길이 환하지

잠언으로 길을 열어주신 어머님께
삼가 이 시집을 바칩니다

2025년 가을 남강변에서

1

섞박지

2
달팽이의 꿈

3

울 엄니 텃밭에는

4

붕어 싸만코

1

섞박지

언니의 밥상

맏딸로 태어나 집안일 도맡았던 언니
형제 중 유독 키가 작았다

솜씨 좋은 언니가 차린
두레 밥상은 해물들의 집합소

문어 뱅어회 암꽃게
해산물로 가득한 점심상
동생들 해물 해 먹인다 요란이다

욕 잘하는 형부는
ー씨발 내만큼 복 많은 놈 있으면 나와 봐라

해물 수북이 쌓인 밥상 향해
식전 입가심으로 마신 술기운을 내뱉는다

키 크고 인물 좋다고 시집간 언니
앞치마에 늘 오징어 먹물만 진하게 배어 있었다

베란다에 목을 빼니

밤섬이 확 트인 언니 집

술 취한 바다와 뱃놈이

니나노 가락을 맞추기 시작한다

섞박지

헐값에 팔아요
물건도 팔고 사람도 팔아
우리 마누라도 싸게 팝니다

인사동 서부시장 오일장
늙은 영감탱이 손뼉을 치며
사람들을 모은다

다발 무도 한 단 사고
배춧잎도 싹 떨이로 사

다리 뻗은 노상 할머니
고봉 됫박이 들깨 향 바람에 사방 날리고

떡집 앞을 지나니 발그레한 약밥 침샘 돋운다
떡 하나 먹을래 같이 간 백범 띠 지인
주인은 담아 나에게 건넨다

섞박지 한 통 담고 약밥 떼어 한입 먹으려니

살 빼기는 다 틀렸네 눈물이 핑 돈다

제기랄, 웬 남자가 던진 말 뒤통수에 꽂힌다

개경전

아들 넷, 딸 넷 팔 남매
남 부럽지 않게 자식 모종한 남사댁
아들 셋, 차례로 햇살 좋은 애장터로 보내고
한 명 남은 아들도 떠날까 봐
애지중지 키웠다던 붙들 씨

엄혜산 물안개 연기처럼 피어오를 때
할 말이 있다며 뜸을 들이던 시어머니

아비를 일흔까지만 개새끼라 불러라
얼떨결에 바싹 파고 물으니
어릴 적 잔병치레 심해 용한 박수무당 찾아갔더니
일흔을 못 넘길 팔자라
개새끼라 부르면 수명을 이어간다고 하더라

팔자에 과부살이 없다던데
올해 병신생 예순아홉 아홉수에 날 삼재

잘못 걸리면 훅 떠날까 봐

날마다 입으로 불러재끼는

개경전

개새끼 개새끼 암캐 새끼 수캐 새끼

죽일 놈의 무당 개새끼

흰다리새우

통통하게 살이 올라
폴짝거리는 가을 보양식

뜨거워진 불판 위에 천일염 쫙 뿌려
산 목숨 켜켜이 깔아 놓고

살려 달라 애원하며
작은 몸 비비 꼬아 노을로 핀다

고성 한적한 바닷가
껍질째 바싹하게 구워 대가리에 깨 맛이 튀고
고주망태로 일생을 살아 술잔 빠르게 움직인다

ㅡ씨발, 나는 돈 없다
ㅡ새우, 술 너거가 다 사라

술이 늘 목구멍까지 차올라

술김에 욕지거리 너스레를 떨다

지난봄 바삐 황천길 떠나가신 형부

흰다리새우처럼 휜 등이 자꾸만 눈앞에 글썽인다

미나리 축제

꽃샘추위에 찾아간 미나리축제장 하동 횡천
향긋한 미나리 내음 가득한 비닐하우스 안
삼겹살 한 팩에 미나리 한 단
기본이 사만 구천 원이다

옆 좌석엔 불콰해진 얼굴의 사내 하나
귀에 익은 고함소리를 낸다

지난해 세상을 뜬 형부 생각에
눈물이 핑 돈다

지랄 같은 세상 이런 맛으로 살지
술도 욕도 다 형부 차지였던 세상
니기미, 사람 사는 게 뭐 별거 있나
어찌 말투까지 형부랑 닮았을꼬

나는 삼겹살에다 소주 한 잔 단숨에 들이켰다
소주잔 빈 바닥엔 혀 꼬부라진 형부 욕지거리가
비틀대고 있었다

여름 별미

팔월 날씨가 산발을 했다

올여름엔 장엇국도 한 그릇 못 먹네
그래도 마음에 있던 터라
추석 전에 한번 끓여야지 했는데

말은 빛깔 좋게 해놓고
폭탄 더위에 며칠이 후딱 지나버렸어

명절 때 찾아오는 아들내미 장어를 유독 좋아해
재래시장 아주머니 대쪽 같은 성깔
말 붙이기도 겁이 나는데

−장어 1킬로 얼마요
−이만 원
−반만 주시면 안 될까요

―만 원어치 하면 두 마리밖에 안 되는데

그만 1킬로 사 가소

그래야 국물도 톡톡히 우러나고 제맛이 난다 아이가

대장어 네 마리 도마 위에서

눈깔을 돌리며 살길만 찾는데

칼로 목을 치자

떨어져 나간 장어 대가리 나를 꼬나본다

비진도 연가

한산도 용초도 지나
뱃길 따라 삼십 리

파도 할퀴고 간 몽돌 해변
새 떼 쪼그려 앉아 짠물만 퍼마신다

섬마을 동해식당
운 있는 사람은
망상어 정어리 잡힐 때 온다는데
굽고 회 썰어 멍게 비빔밥 한 끼 오졌다

밭에 퍼질러 앉은 아줌마
헐렁한 몸뻬바지 반쯤 엉덩이에 걸치고
방풍 캐기에 눈 돌릴 틈이 없고

백난아의 찔레꽃을 목청 올려 불러대면

파도 소리 갯메꽃으로 피어나
산산이 부서지다 또다시 모이는 물살

갈매기 눈깔들 비진도에서 산다

나 홀로 여행

추억을 매단 기차에 몸을 실어
시간의 마디를 쪼갠다
널브러진 잔상들이 차창을 따라와
지그시 눈 감은 나에게 말을 건넨다

그냥 지나치는 풍경 다시는 못 볼 것 같은
아쉬움만 남긴 채

안동역에 나를 내려놓고 떠난 기차는 잊기로 했다
하회마을 오일장에는 내가 먼저 도착해 있었다

오래전 함께 했던 그 친구
어디에도 보이지 않는다
시장 골목엔 촉촉이 비가 내린다

음유시인 하나가 빗방울을 헤며 걷고 있다

보이소 하느님요

붉은 불덩어리가 참말로 무서버라

오후 세 시 열기가
온 대지를 찜통 속처럼 삶는데

네가 왜 그리 성질이 났니
우리가 뭐 그리 잘못했는데

남의 남자를 넘보나, 돈을 달라나
보이소, 하느님요 화 좀 푸시이소 마

도끼눈으로 째려보지 말고
성질 죽이고 날 찾아오면
시원한 누가바 하나 사줄 건데

생각나시면 성깔 죽이고 찾아와 봐요

자물리다

금싸라기 내 고향 경남 고성

앞으로는 망망대해
뒤로는 금을 캐던 성지산이 부챗살처럼 둘렀고

부모님 슬하에 4남매가 옹기종기 밥을 먹다
마지막 남은 밥 서로 먹겠다고
쫙 갈라 붙이던 고향 집 마루

지금은 낯선 이의 재각齋閣으로 우뚝 서 있다

어깨 휜 아버지 해마다 땅마지기 늘리고
봄꽃들 앞산 아래 강물을 퍼마시며 만발하였지

냇가에서 빨래하던 아줌마들
시어머니 향한 화풀이인 양 방망이 땅땅거리던 소리

저년들 입 틀어막아라 고함치던
옆집 보길 아저씨 화가 머리까지 오르면
세숫대야 물을 휘둘러 씌우곤 했지

조잘거리며 살아온 십육 년
목화솜 이불같이 포근하였고
아랫마을 청자 어머니
이른 새벽 삐그덕 물지게 장단에
달빛도 망갯잎 찻잔 바닥에 자물렸던 고향

다슬기

샛강 다리 밑 얼굴은 강바닥에 묻고
엉덩이는 하늘 향해 치켜든다

확성기 소리가
수위 높아진 강물 위로 퍼져가면
생사에 무디어져 겁도 없나 보다
바닥을 기며 살아온 노동은
자갈 속으로 숨어 버린다

다슬기 잡는 한철
먼발치 오가는 눈요기 대야는 수북한데
강바닥 우려낸 진한 국물이 물속을 다스려 줄까나,

살아온 내력 푹 고아 뽀얗게 우러나는 저녁
잔물결로 일렁이는 여든 살 원지댁, 눈이 밝아온다

대보름 달집

뚝뚝 지지 직
정월 대보름 달집 타는 소리

몇 해 만에 태우니
불꽃은 활활 하늘을 오르고

물과 불이 공존하는 남강변
모여든 구경꾼들 환호성 강변을 흔들어댄다

불 속에 태우는 옷들 액운 소멸 기원하는 장면
남강물과 달집 불이 한데 얼려 불꽃으로 피어난다

굳었던 마음들이 술술 풀려가는 대보름 밤
강물은 소리 없이 흘러간다

창밖의 정체

저녁밥 준비하다
우연히 밖을 내다보니
나를 주시하는 놈과 눈이 마주쳤다

크기도 엄청 큰데
뚫어지게 바라보는 눈이
에나로 괴물같이 섬뜩스럽다

사진을 찍는데 움직이기도 한다
언제부터 나를 노려보았을까

우는 걸 잊었나
철썩 붙어 안으로 보며

가슴에 뜨거운 불을 품고
입안에 고이는 침이 홍건하다

소문처럼 쫓아버릴까
긴 막대기로 탁탁 치니

무시라, 사그라지는 저 모습
생명줄 부여잡고 진종일 매달렸나 보다

하소연

장대비 여름을 몰고 왔어

스마트폰에는
컬러링으로 반야심경이 울린다

미친놈 잔소리에
욕을 바가지로 퍼붓고

아무리 참고 살아도
더 이상 못 살겠다는 둥
끝도 없는 잔소리
울화병 도져 죽겠다고

친구 동생 자림이
친언니 걱정할까 봐
차마 말 못 하고 나한테 한 전화

목에 가시 걸린 듯 걸걸거리며
모가지를 짤짤 흔들 놈

터질 듯한 말들
어릴 적 여린 마음은 어딜 가고
동생의 외로움이 나를 불러 세운다

우리 언니께
전화 왔다고 절대 말하지 마

창선 할머니

맞은편 할머니, 죽이 하루 다섯 번 나온다
세 시쯤 식당 아주머니 죽을 챙겨 두고 가니

ㅡ너 이리 좀 와 봐라 잘 만났다
김칫국이 왜 이리 맛대가리가 없니
이걸 동치미라고 담갔나

삿대질하며 퍼붓는데 아무 말도 못 하고 서 있고
맹장염 수술한 할머니 옆 침대의 새댁이
ㅡ어르신 치매기가 좀 있어요, 하고 묻자
ㅡ뭐라 치매가 있다고

홧김에 아들에게 전화를 한다

ㅡ어머니, 그게 맞아요
조신하게 안 지내면 치매 요양병원 보낸대요

찰칵 전화 끊기는 소리

지 애비 닮아 그렇다며

입에 못 담을 쌍욕을 해댄다

회진 와서 우뚝 선 주치의

─오늘부터 치매약

한 단계 올려 처방합니다

애비 없는 저 호래자식이 뭐라 하노 하자

의사가 웃으며

우리 아버지 아흔셋인 걸요

작은 새

짧아도 실컷 울고 떠날 생
어찌 저리 서럽게 목청을 굴릴까

부모가 떠났을까
자식을 북망산천으로 보냈나

눈뜨면 떼거리로
팝송인지 염불인지 애타게도 불러대고

싸가지 없이 달라붙어
사랑싸움인지 지랄인지
내 머리통이 백지가 된다

여름을 통째로 흔든다
내가 울어야 할 몫까지
목청 높여 울다 떠나는 작은 몸집

2

달팽이의 꿈

신수도 칼국수

가끔 홀로 섬사람이 된다
가라는 사람 오라는 사람 없어도

고향 친구 모임 있어
남편은 통영으로 일박 떠나고

나는 대충 챙겨
삼천포항으로 떠나길 바쁘다

혼자만이 누릴 수 있는 자유 시간
여유롭다

여객선에서 내리니
삶은 고사리 늘어져 자고

고깃배 들어오면 생선 몇 마리
밥으로 던져주는 먹잇감에
바다만 보고 있는 고양이 떼

매점에서 파는 바지락 살 칼국수
배고픔에 한 사발 마시면

간간한 신수도 물길
속풀이 국으로 우려져 나온다

솔밭 이야기

발바닥과 황톳길은 찰떡궁합이야

세상 살기 좋아 걷기 하라고
이렇게 잘해놓았는데

큰 솔밭에는 사시사철 사람과 동물이 붐비고
왕개미 황톳길을 검은 발로 잘도 기어 다닌다
햇살 잘 드는 명당에 할머니 몇 분 모여 앉아
안방 차지한 영감탱이는 언제나 죽을꼬
네가 먼저 죽을 거다, 나는 백 살까지 살란다
옥신각신하는데

입살 센 할아버지 지나다
ㅡ지랄하고 자빠졌네 니나 먼저 뒤져라
물앵두 씨 뱉듯 툭툭 뱉는다

그래, 내가 먼저 가야지

노을빛 공허한 파편들

황색 발바닥 뜨겁게 데운다

달팽이의 꿈

끄무레한 날씨가 오히려 제격이다
떨어진 나뭇잎이 몸을 가려주는 틈새로
배밀이 하며 길을 나선다

배가 발이 되어 눅눅한 어둠길 떠난다
머리 위 두 쌍의 더듬이가 가로등으로
반짝이는 양지바른 집을 찾아 떠나는 걸까

풀잎에 맺힌 이슬로 허기를 달래며
바닥을 쓸며 간다
흥건히 적신 땀이 스스로 길을 열어주는 바닥

집 없는 달팽이 하나
내 등에 진 집을 부러워하는 눈치다

그래 한평생 신기루로 그려온 집이 아니던가

세상에서 가장 완벽한 집 한 채가
내 등에 얹혀 있었다니

나에겐 늘 짐이었던
집 하나 마련하기 위해 낮고 젖은 바닥을
그토록 오랜 세월 헤매고 다녀서 그런지
야윈 등줄기가 심하게 뻐근해 온다

초인종 소리에 눈을 뜬 나
그렇지 오늘이 집 계약하는 날이지

산딸기 익어갈 때

입안에서 유월이 익는다

산속 오래된 넝쿨
알알이 영글어도 주인 없어

가지 휘어잡아 한 줌 따 맛을 보니
새콤달콤 그 맛에 반한다

숲속에서 붉게 익은 봄은 풀 위에 지천이고
신록은 초여름 열매로 맛들어간다

산딸기 오디 보리수 뭇 새들과 어우러져
찬란한 색깔로 소리치고

하늘이 내린 보석 끝없이 드리워진 유월에
마음껏 익어가는 열매

떠나가던 봄이 슬쩍 뒤돌아본다

황매산 철쭉 꽃물 들다

모진 꽃바람

먹아지 치려 해도
쌩하고 외면한 채 뺨을 돌린다

전국에서 찾아온 무수히 많은 발길
온산이 연분홍 이불에 덮여

황매산 봄 꿈을 꾸고 있다

상춘객은 모산재 올라
온몸으로 열꽃 번져 꽃으로 피어난다

걸음조차 눈부신 날

철쭉 꽃잎에 물든 오후가
뻐꾸기 소리로 피어난다

욕지도에 가다

욕지도에서 고기잡이 하는 당숙부 뵈러
통영에서 여객선을 탄다

그리움이 깊었는지
배는 거북 걸음이고 바닷길은 멀다

무료함을 지우려고 새우깡 한 봉 사서
손끝으로 잡고 배와 함께 출렁인다

배고픈 갈매기 한 마리 매의 눈으로 다가와
낚아채어 날아가는데
다른 갈매기 하이에나처럼 달려든다

놈들도 형제 같은데
배고픔 앞에서는 우애도 없다

아버지 먹다 남긴 고기반찬 서로 먹으려고

맹수가 되던 어린 날의 흑백사진들이

부표처럼 떠오른다

갈등

하얀 실타래 엉켜
당최 풀리지도 않는데
묘한 방법이 없을까

헛기침 소리 벽을 삼킨다

시집 몇 장 넘기다 내 마음은
새로 생긴 사이트에서 허덕거린다

책은 머리맡에 담을 쌓아
저무는 햇살로 시들해진다

술술 풀려야 할 숙제

허공에서 나를 찾으니
세상은 모두 허기로 가득하다

한길로 가는 길에 엮인 풀지 못한 갈등

지나가는 바람에게 물어본다

가을을 버무리다

나이 들어가니
배추 길러 김장하는 것이 버거워

언젠가부터 절인 배추 사서
김장을 한다

아기 세 명은 목욕할 만한 다라이에
갓, 쪽파 썰어 넣고
마늘, 생강 갈아 넣고
고춧가루와 젓갈 넣어 소를 만들어
절인 배추에 옷을 입히는데

시건머리 없는 꼬맹이 손자들이
옆에 붙어앉아 쌈을 달라고 보챈다

계란 지단 같은 배추 속살 몇 잎 뜯어
굴, 가리비, 삶은 수육 배춧잎에 싸서

어린 물새 같은 녀석들 입에 넣으니
볼에 눈깔사탕 한 알이 볼록거린다

호호 하하 깔깔
우리 집 김장은 축제날이다

연둣빛 봄날

입춘 번개같이 지나가고
버들강아지 물오른 강변

삼 년을 꽁꽁 언 나날들
아무리 풀려 해도 오그라져
세월 가기만 기다린 나날
삼재팔난 다 겪고 나니 잡을 건
공한 먼지뿐인 걸

다시 시작하는 날들이 새로워
절로 맑아지던 날
꽃시장을 지나다 긴기아난 모종과
제라늄 어린 것을 사 들고 가니
잠깐 볼일 있어 간다더니
꽃식물 중독이라고
운전석에서 잽싸게 한마디 해 붙인다

연둣빛 봄을 움켜쥔 중년의 양손

잡다한 생각 절로 사라지고

소생하는 봄이 영글어간다

정신 집중

걱정은 한 달 전부터 하고
할 일은 이 주 전에 덜렁거린다

쓸고 닦고 이불 세탁도 하고
거실의 화초를 베란다에 옮겨 물 주기
제사는 지낼 때마다
들었다 놓았다 정신 집중

주말에 수산시장 들러
생선 제수도 구색 맞춰 사고
다듬어 소금 절여 햇살 없는 주말에 씻어 말렸지

명절이 다가오면 남강 산책길 자주 걷는다
세월 흘러 저세상 가면
자식들 밥 한 그릇 담아 줄까
강변 대숲의 박새들 울음소리도 앙증스러운데

백로 한 마리 멀찍이 서서

로뎅의 생각하는 사람처럼 명상을 하고

가마우지 떼 먹이를 찾아 수면 위를 난다

오버핏

억센 경상도 사투리 파편처럼 날아다니는 동네 장터
장마철에도 사람들이 붐빈다

비 맞고 자란 갖가지 과일과 채소
맛은 싱거워도 찾는 이들 많다

여든을 훌쩍 넘긴 생비량 아주머니 채소
장마철에도 불티나게 팔린다
재래시장의 하루는 웃음이 문을 여닫는다
시장 안 오버핏 간판을 건 옷가게에도
단골들이 수시로 드나든다
상술보다 상표가 더 손님을 끌어당기는
장터 사람들의 부러움을 사고 있는 브랜드
장마철에도 부티가 난다

늦여름

납작 가오리처럼 맨발로
강주 연못가를 돌아다닌다

막 구워낸 식빵처럼 폭신한 황톳길
발들은 서로 짝을 이루어 발자국을 남기고

서어나무 가지에 달라붙은 식은땀들
매미 목쉬게 우는 팔월이 몸살 앓고 서 있다

뜨거운 햇살에 지친 연꽃
입추가 지나니 땀을 토하던 꽃잎도 서늘하다

바람이 잠시 수면에 쉬었다 가는
팔월 오후다

윤유월

-살다 보면 알게 돼 버린다는 의미를
나훈아의 노래 '공'이
스마트폰 컬러링으로 울린다

일흔여섯 백범띠 형님이었다

올케야, 생일이 언제라 했나

생일은 왜요
옛날 못 먹고 살 적
찰밥에 미역국 먹는다고 생일이지요

아니다 윤유월은 다가오기 어려운데
올해는 꼭 올케 불고기 사줄게

음력 유월, 하동에서 형제들과 불고기 파티 실컷 한 날
윤달 생일 오면 한 번 더 사주신다, 하신 시누이

60년 뒤 꼭 다시 뵙고 싶어요 형님

진주교 가락지

강물이 어둠을 만나 빚은 빛
이랑마다 가락지로 영롱하고

물밑 깊이 고인 논개의 충절
뜨거운 별빛으로 피어나면

하모, 거친 물살로 흐르던 역사
동글게 영근 가락지로 반짝인다

전어의 삶

불판 위 노릇하게 타는 몸
오그라들면서 그물에
걸려든 순간을 떠올린다

좀 더 깊이 살았더라면
걸리지 않았을지도 몰라
자책하며 몸서리쳐봐도
이미 가을이 시작되었다

석쇠의 불이 가을볕을 익히면
전어 눈깔에서 광채가 돈다
온몸에선 오색 무지개 핀다

살아있을 때보다 더 화려한 빛으로 물든 몸
고소한 냄새가 세상을 뒤집어 놓는 순간
젓가락을 든 사람들도 잠깐 눈을 감는다
전어를 애도하는 시간이다

머리가 긴 사람일수록 애도의 시간도 길다

도망간 며느리가 집으로 돌아오는 오후

가을 볕살 한 움큼이 쿠쿡 창문을 두드린다

끌림

가끔은 소소한 것에 내 마음을 떠밀어댄다
완벽할 때도 있지만 때로는 관대할 때도 있어
들판은 가을 살로 익고
소담한 시편들이 줄줄이 이어진다

그대여, 슬프다고 이별은 말하지 마라
보내지 못한 사랑 홀연히 떠나버리면
때로는 아쉬움에 마음 비비대지만

인연, 고것 참 아무것도 아닌 것을
다만 놓지 못한 호두알 구르는 것에 불과하거늘

가느다란 끌림이 하늘에 구름 한 점으로 떠
노을 진 산그림자 짧아져 간다

3

울 엄니 텃밭에는

정토사 극락전

주먹만 한 불두화佛頭花 대가리
뭇 중생들 번뇌 다 털린다

어머님이 좋아하시던 절
49재 지내고
극락전에 부모님 위패 모시니
초파일 환한 부처 목단꽃 망울에 눈시울 붉다

나, 죽으면 49재 좀 지내주면 안 되겠나
돈 많이 모아 두셨는지요

우스개 삼아 여쭌 말이
십 년 세월 도리깨질이다

영혼을 물들이는 정토사 극락전
부모님 얼굴이 스치고

인연끼리 자불자불

귀신 씻나락 까먹는 소리 들린다

보시는 영수증이 없다

쉼 없이 다닌 천년 고찰
마음 닦은 건 없어도

매월 초하루면 잘도 챙겨 다녔지
빨간 인등수첩에 도장 하나 찍어오면
그달은 매미 날개처럼 가벼워져

스님 설법 들을 때는
귀 세워 경청하지만
밖에 나오면 법당보살

삼월 초하루, 만 보도 걸을 겸
걸어서 절집까지 갔었지
새로 오신 주지스님 법문 중에

보시는 영수증이 없다

여태껏 듣는 법문 중 머릿속에 필이 딱 꽂혔다

베풂과 나눔 보시에는 바람이 없어야

버리고 또 비워내 빛을 밝혀 염불로 비워낸다

가동띠기*

발그레 익어가는 팔월이면
가슴 울리는 수밀도

껍질 벗겨 입에 넣기도 전
줄줄 단물이 흘러내리고

—요것이 이렇게 달고 맛이 날꼬
돈 많이 줬재

—물렁해 빨리 팔아야 하니
야문 것보다 더 싸게 줬어요

—우리 오매는 요것도 하나
못 사드렸는데

눈시울 붉히며
외할머니를 들먹이시던 어머니

딸 다섯 중 둘째가 편하다고
자주 드나드시던 외할머니
자분자분 복사꽃 같은 이야기꽃 피우곤 하셨지

지금은 어디에서 모녀간 밀담을 나눌까

가동띠기 수밀도는
아직도 뜨겁게 물커덩거린다

* 가동띠기 : 필자 어머니의 택호

수육을 삶다

탱글한 육신을 밑에 깔고

천일염 대파 무 월계수 잎
갖가지 재료 넣은 압력솥
압력추 소리가 요란하다
생사를 넘나드는 울림 끝나면
뜨끈한 수육 덩어리

깻잎과 모듬 상추, 햇김치에 양파까지
뜨끈한 육질 둘둘 말아
입안에 드나듦이 분주하다

단골병원 원장님
3주 전 빈혈기가 있다며
철분제보다 살코기 처방을 하신다

귀 얇은 윤달이

텁텁한 막걸리 대신 마시는

새콤달콤 매실차 한 잔

빈혈은 온데간데없고

얼굴 가득 피가 돈다

* 윤달 : 윤달에 태어나 어릴 적 부르던 필자의 아명.

어머니의 경전

연필로 밑줄 그어
야윈 손등에 줄만 그으면 힘이 솟던 다섯 손가락

나 살아생전 염불 한번
실컷 외워보면 원이 없겠네

긋고 외우고 쓰고

머리맡에 두고 펼치시던
천수경 반야심경 신묘장구대다라니경

머리맡에 베개 삼아 깔고 주무시던 어머니
지금도 계신 곳에서 열심히 외우고 계실 경전

어머니, 불두화 보살로
천상의 별이 되어 반짝이겠지요

싸리골 외갓집

어릴 적 외갓집 가는 재미는
외사촌 언니가 고구마 줄기로 만든
맵싸한 김치 맛이 좋아서였다

밥맛 없는 여름날, 외갓집에 가면
언니는 고구마 순을 까고
돌절구에 붉은 생고추와 마늘을 섞어 빻아
젓국 넣고 고구마 순 김치를 만들어
따뜻한 밥에 비벼 먹었는데 그 맛이 일품이었다

솜씨 야무지던 언니, 재 너머 총각에게 시집가
모진 시집살이 하다 부산으로 분가했다지

예순을 갓 넘긴 언니
뜻하지 않은 교통사고로 세상을 뜨던 아침
보랏빛 머금은 하얀 고구마꽃이 지고 있었다

천년의 울림

우레같이 쏟아지는 계곡물
신선이 놀다간 자리

바위를 세차게 치며
피다 만 꽃들도 성불을 하고
번뇌 씻기엔 이곳만 하리

하늘을 덮고 누운 물살은
지리산 바람막이로 걸려
마음을 풀어 소원을 펼친다

눈을 감아도 퍼붓는 물소리
무심한 청빛 햇살에 한여름 잎을 태우고

지리산 대원사 쇠북종
큰 바윗돌 허물을 깨고
참새떼 내려와 멱을 감는다

산사 기왓장 사이 산바람 움켜

와송꽃 피우고

천년을 내리치는 대원사 계곡 물소리

산이 모두 성불을 한다

북천역에서

널, 기다린다고
늘, 찾아 헤맨다고

코스모스 휘청대는 가을 북천역
아직도 허수아비 놈
나를 기다리며 서성일까

떠나버린 기차는
뒤돌아보지도 않는데

그놈 모습만 아른거린다

네가 꽃으로 피고
나는 가을바람이 되어

북천 들녘 메밀꽃 지천으로 피면

코스모스 가는 허리 휘어잡고

추억 언저리에서 너는 또 서성거리겠지

울 엄니 텃밭에는

사남매 다 거두신
울 엄니 텃밭에는
빨간 맨드라미도 핀다

된장독에선
채송화 노랑 꽃처럼 된장이 익어가고

정화수 한 사발 장독 위에 올리시고
텃밭에서 콩밭 매시던,

윤유월 울 엄니 이마 땀방울
까만 분꽃 씨로 여물어

호박잎 데친 밥상머리
그저 엄마 곁이라면 행복했었다

템플스테이

배낭에 짊어진 삶
지리산 대원사로 떠나가던 날

날 따라오던 속세에 찌던 얼룩
하현달 따라 지리산 기슭에 숨는다

새벽 범종 소리에
장끼와 까투리가
무색의 계곡물에 입을 담근다

대원사 계곡물 소리
물안개로 퍼지는 아침

산그림자 하나 입정入靜에 든다

동생네 텃밭

세 살 손아래 동생 제부와 도시 살다
전원생활 한 지 십여 년

어머니가 꿈을 묻던 자리를
동생 내외가 마련해 생활한다
텃밭엔 채소와 열매들이 씨알 좋게 열리고

몇십 년 농사지은 분들보다 더 잘 짓는다고
동네 분들 칭찬도 자자하지요

가꾸는 식물과 열매
어머니 얼굴처럼 다가오고

언니 한번 왔다 가세요
양파 마늘 감자 상추
황금색 비파 열매 수북하다

오늘은 횡재한 날

입안 가득 넣은 상추쌈에서 동생 향기가 난다

상생 & 상충

쥐띠와 말띠가 상충
상충보다 더한 원진살 쥐띠와 양띠

믿거나 말거나 본인 마음인데
가끔 거슬릴 때가 있다

여기에 납음納音이 상생이면
그래도 괜찮은데 상극이면 극과 극이지

부모 조상님은
이래서 궁합을 중시했을까

쥐띠와 원숭이띠 삼합에 납음도 상생

그래도 한 번씩 세찬 파도가 치면
자물린 바다가 뒤집히기도 한다

왕수선화

거실이 화사했지
베란다에 봄이 왔어도
녹색 잎만 움츠렸길래

시부모님 기일도 다가와 꽃집 지나다
알밴 왕수선화 모종 한 포기 사와
화분에 옮겨 심었더니
며칠 후 꽃들이 막춤을 춘다

봄은 수선화 꽃봉오리와 함께 맺히고
하루에도 몇 번씩 열어젖히는 꽃잎들
볼수록 참한 얼굴색이다

시어머님이 왔다 가셨나 보다

여름 피서

아이고, 이 여자 팔자야

남들은 유럽으로 동남아로
비행기 타고 잘도 떠나는데

나는 간다는 게
해 떨어지면 상평교 다리 밑에나 앉았고

강주 연못 몇 바퀴 돌며
버스킹 구경이나 곁눈질하다 온다네

때로는 서방 눈치나 힐끗거리고
요렇게 더운 날 저녁은 무얼 먹을까

지나가는 바람이 옷깃을 들치는데
과체중 몸뚱어리 뭐가 볼 게 있다고
산들거리는 연잎들이 깔깔거리나

집에나 가서

십팔 층 계단이나 서너 번 오르내리자

할딱거리는 숨소리에

줄줄 흐르는 땀이 홍콩이나 백두산 간 것보다

훨씬 더 개운한 하루다

첫눈 내리던 날

아직도 머무는 늦가을
입동은 첫눈을 기다렸나
밤새 소복소복 눈이 내렸다

지리산 천지가 목화 솜이불 덮고

예순 갓 지난 설렘
발길은 눈꽃 만나러 마음 솔가지에 대롱거린다

대원사 들머리에 범종은 메아리치고
비구니 스님 목탁 소리에
하얀 백설기 가루
산신당 기와지붕에 떨어져 내린다
고양이 등줄기에도 소리 없이 쌓인다

산사의 새벽
첫눈은 시린 손으로 다가온다

4

붕어 싸만코

허망

돼지 새끼들 꿈에 우글거려
복권 몇 장을 구매했다

다가오는 토요일 추첨하는 날
부풀어 터질 듯한 속내
두 근 반 세 근 반 기다리는

순간순간
배롱나무꽃 바람 되어 날리고

될까 말까 찰나의 설렘

허망이란 글자 누가 만들었을까
강물에 빠진 마음들

하늘 가득 폭염 속에서
늘어진 수양버들 어깨를 떨군다

달빛 베란다

헛한 새벽이 오면 여자는
어김없이 맨발로 베란다에 나선다

칼라 좋은 꽃봉오리와 연녹색 잎사귀들이
조곤조곤 속삭이며 모여 있다

붉은 제라늄과 흰 제라늄 만발한 거실에
아시아틱 꽃은 봄 햇살 간지러워
서둘러 노란 꽃을 피운다

물을 주면 벙글거리는 화초들
베란다 한켠에 새 촉 올라오는 개떡 같은 하늘마

화개장터에서 사온 수생식물 워터코인이
물속에 녹색 머리카락을 산발하고 풀어헤친다

싱그릭스*

허리띠에 문제가 생기는 것 같아
개인병원을 찾았다

원장님께 말씀드리자면
오래전에 예방 접종을 받았죠

그 샷은 일생에 단 한 번뿐

그는 좋지 않다라고 말했다

새로 나온 백신 접종약 나왔는데
단지 그것이 비싸다고 말한다

어떻게 생각해요
비싸면 백만 원 넘겠어요

크게 웃으며 두 번 나누는 거예요

십팔 년 동안

잘 견뎌낸 건 대단한 일이야

이 백신을 맞으면

그가 말하길, 앞으로 절대

대상포진 예방 주사 맞을 필요가 없을 거야

* 싱그릭스 : 대상포진 예방 주사약.

한증막

볕살에 머리 37도
여름 제값을 톡톡히 하려나

하동에서 지인이 사준 불고기를
배불리 먹고 나서
햇볕에 세어둔 차 문을 여니
한증막이다

혼쭐 빠진 도둑놈처럼
팔다리 힘이 쫙 빠지고

아스팔트 길이 열기에 늘어져
폭발 직전이다

성질 급한 뒷차
연신 경적을 울린다

차 안은 에어컨 바람살에
조금씩 열기가 식어가고

바다도 모래도 타는 날
더위 비운 자리 침묵을 채운다

좌절 모드

음력 섣달
몇 마디 말에 무너진 적이 있던 나
침묵을 지키려 해도
때로는 불안감이 치밀기도 했지

들삼재 눌삼재 날삼재
삼 년을 흔들고 가는 아픔들

믿을까 말아야 되나
마지막까지 고민을 던진다

귀여운 손주들
두근거림을 조금씩 삭이고

뒤엉킨 나날들
숨을 토하며 저려오는 순간

지푸라기도 잡고 싶어

눈 위에 하얀 발자국 찍어

좌절이란 말은 찬밥 덩이 같은 것

악랄했던 삼 년

날삼재 서서히 녹아내린다

제라늄

블라인드 커튼을 올리면
베란다 채마밭에
복사꽃같이 수줍은 모습들

볼수록 이뻐 눈에 넣어 껌벅거린다

봄은 머리맡에서 나를 찾고
나는 바라보며 눈으로 즐긴다

올봄 베란다에는
갖가지 채소와 차요테 넝쿨도 쑥쑥
잘도 자라 뻗치어 나간다

나이 들면 식물도
먹거리 채소를 심는다지
흐르는 세월이 머뭇거림일까

참새 떼 창 밖에서
잠을 깨우는 새벽이면

연분홍 제라늄
볼수록 매혹에 빠지는 요술꽃

붕어 싸만코

꼬리를 집어 들고 머리부터 잘근거린다

묽은 옷 벗겨내어
황금빛 속살 눈요기에
입맛을 다신다

칠월 한더위 잠깐 식히는 것으로
무늬만 있는 붕어 맛이 제격이다

냉동실에 꽁꽁 언 붕어 싸만코는
가끔 먹다 남은 꼬리에서
비릿한 붕어 냄새가 날 때도 있다

붕어 몇 마리 우리 집 냉동실에 키운다
완벽하게 굳은 시체라야
몸서리치게 시원해진다는 걸 여름은 알고 있다

칠월 무더운 몸에서

붕어 지느러미가 만드는 물결

온 가족 시원하게 한다

계단 오르기

이 더위에 하루 한 번씩
십팔 층 계단을 잘도 오른다

따뜻한 물 한 병과
긴 바지, 겨울 양말을 신고

삼십 도가 넘는 계단을
숨을 헐떡이며
땀을 비 맞듯 흘리면서

지하와 옥상까지
합하면 무려 이십 층인 걸
세 번 오르고 나면

눈알이 뱅뱅 돌지만 체중과의 전쟁은
그렇게 쉬운 일이 아니다

일주일 오르고 나니
땀에 씻기어 번드레한 얼굴이
반쪽이 된 느낌

체중은 여름에 땀과 함께 날려 보내라 했다지
기대를 가지고 첫걸음부터

여름날 사십칠 킬로 때의
내 모습이 자꾸만 아른거린다

헤어숍 수다

참새 방앗간 입들이 모여
디딜방아를 찧어댄다

모퉁이 꽃집 아들은
올해 삼수인데 또 내리박았대
서울대 좋아하다 귀한 자식 골병 다 들이고
엄마는 보톡스를 맞아 얼굴이 마네킹 되었다더만

입방아를 찧어대는 립스틱 진하게 바른 여자
맞은편에 앉은 아낙 하나
들은 척도 않은 채 여성잡지 속표지만 들여다본다
혼자서 남의 집 흠을 말하다
말동무가 없는지 볼륨을 높인다

내뱉은 말들이 한참 동안 TV 화면에
둥둥 떠다닌다

동지팥죽

동지 전날 불려 놓은 팥
흐물지게 푹 삶아 붉은 물감색인 양 걸러놓고

흰 쌀가루 새알심 만들어
붉고 흰 걸 합방하니 흰 것도 같이 붉어지더라

강바람 쌩쌩 부는 아침에 찾아간 의곡사
산사는 붉은 팥으로 치장해 놓았다

오랜만에 뵙는 부처님
내 마음 열두 번 변해도
그 모습 그대로 앉아 계신다

대밭 속 야윈 고드름
겨울 한파에 동지팥죽이 고픈가 보다

꽃 박사라고

입꼬리 반달처럼 올리고
하얀 치아가 씨알같이 고른
이웃에 이사 온 갱얼쥐* 엄마

십여 년 전 활짝 열린 대문으로
도둑고양이처럼 살금살금 다가오더니

이모가 이 동네
꽃 박사라 하던데 진짜인가요

허허, 누가 그러던가요
꽃 박사가 따로 있나
관심 있어 키우면 되는 걸요

눈뜨면 머리맡에 초록이 송글거리고
오십 년을 키워 온 경험에 관심까지 합치면
새로운 걸작품이 탄생하지요

이른 봄 버려진 식물들

화단에 꺾꽂이로 꽂아 놓고

자격 없는 박사도 같이 묻어두지요

* 갱얼쥐 : 강아지를 귀엽게 부르는 말.

마늘 까기

까슬한 김장 마늘
미지근한 물에 불리어

물기 머금은 밤톨처럼
한 알씩 벗겨내는 정성

진종일 앉은 식탁 주리가 틀리고
껍질만 고봉으로 쌓여 가는데

하얀 몸 다듬어 저녁 생채에 듬뿍
맛깔스러운 한 끼 반찬으로 변신한다

가루 될 작은 몸집
손가락에 터를 잡아 지문마저 사라지는 엄지
화끈거리는 마디마디 송알거린 마늘꽃이 피어난다

개경전과 사주명리 시로 풀어낸
미래지향적 세계관

박종현(시인)

최소한의 문란이자 최대한의 반란인 욕

〈욕은 언어와 그것에 딸려있는 인간 행위가 질서라든가 체계와 체제를 벗어던진 상황에서 폭발한다. 욕은 발언 되는 것이 아니라 폭발된다. 그것은 터지고 박살나는 그 무엇이며 보통 상황, 예사말에서의 벗어남이고 어긋남이다. 보통 언어가 아닌 제2의 언어요./, 또 다른 언어다. 논리라든가 이성에 매인 언어로는 더 이상 어쩔 수 없는 막다른 골목에서 분화하는, 불 뿜는 언어다. 그것은 최소한 문란이고 최대한 반란이다.(10쪽)〉, 〈욕이 비평이되 사회적 비평이란 것은 의심할 나위 없다. 대중의 비평이고 이름 없는 비평이 곧 욕이다. 해서 풍자며 야유, 요컨대 우스갯소리와 겹친 욕은 한 사회가 윤리며 정의, 진리를 지키려는 마지막 안간힘이 된다. 그래서 욕은 사회의 파수꾼 노릇을 거뜬히 해치운다.(187쪽)〉, 〈시치미 떼는 욕, 능청을 떠는 욕이라서 이는 일품이다. 이 같은 욕말씀이야말로 풍자요, 희극성의 극치다. 배 쓰다듬어주면서 등에 칼을 꽂아 대는 솜씨다.(214쪽)〉

　－김열규의『욕 : 그 카타르시스의 미학』(사계절)에서 가려 뽑음-

　송상호 작가는 저서『욕도 못하는 세상 무슨 재민겨』(자리)에서 〈욕에도 수준이 있다. 남의 신체적 장애나 상처를 의도적으로 건드리거나 상처를 주기 위해 하는 욕은 하수의 욕이고, 욕을 할 만한 상황일 때 흔히 내뱉는 '씨발놈', '개새끼' 등은 중간 수준의 욕이고, 김삿갓의 시에 표현된 욕이나 마당놀이, 판소리, 장타령 등에 나오는 욕은 세상을 풍자하거나 시대의 아픔을 함께 공감하고자 하는 목적으로 한 욕으로 고수의 욕이다.〉라고 말하고 있다.

시 속에 쓰인 욕은 어떤 역할을 할까? 김유경 시인의 시편을 통해서 욕이 담고 있는 의미와 욕 이면에 담긴 능청과 반어, 친밀감과 신뢰감이 어떻게 표출되는지 최소한의 문란이자 최대한의 반란인 욕의 속살을 한번 들여다보자.

욕, 능청과 반어로 담아낸 주술과 친밀감

김유경 시인의 시편 중, 다수의 시에 욕이나 비속어가 등장한다. 김 시인의 시에 등장하는 욕과 비속어는 어떤 특성을 가졌을까? 김열규 교수의 견해에 의하면 '최소한의 문란이고 최대한의 반란'이며, 송상호 작가의 견해에 따르면 '세상을 풍자하거나 시대의 아픔을 함께 공감하고자 하는 목적'으로 한 언어에 해당될 것이다. 뿐만 아니라 김유경 시인의 시에 나오는 욕에는 '개인적인 설움이나 아픔, 친밀감과 상호 간의 라뽀 형성, 시대나 세상에 대한 반어나 역설'이 담겨 있다. 김 시인의 시에 표현된 욕 속으로 들어가 그 맛과 색깔을 만나보도록 한다.

아들 넷, 딸 넷 팔 남매
남 부럽지 않게 자식 모종한 남사댁
아들 셋, 차례로 햇살 좋은 애장터로 보내고
한 명 남은 아들도 떠날까 봐
애지중지 키웠다던 붙들 씨

엄혜산 물안개 연기처럼 피어오를 때
할 말이 있다며 뜸을 들이던 시어머니

아비를 일흔까지만 개새끼라 불러라
얼떨결에 바싹 파고 물으니
어릴 적 잔병치레 심해 용한 박수무당 찾아갔더니
일흔을 못 넘길 팔자라
개새끼라 부르면 수명을 이어간다고 하더라

팔자에 과부살이 없다던데
올해 병신생 예순아홉 아홉수에 날 삼재
잘못 걸리면 훅 떠날까 봐
날마다 입으로 불러재끼는

개경전

개새끼 개새끼 암캐 새끼 수캐 새끼
죽일 놈의 무당 개새끼
　　　　　−「개경전」 전문

　세상에서 가장 거룩한 성현의 말씀이나 부처님의
가르침처럼 종교적 진리를 적어 놓은 글을 경전이라
고 한다. 경전이란 말만 들으면 저절로 두 손을 모으
게 되고 경건한 마음을 갖게 된다. 그러한 경전 앞에
개犬라는 글자를 붙여 놓았다. 왜 개란 말을 붙였을
까 하는 궁금증이 앞선다. 그러면서 글을 읽는 사람
에게 살짝 면구스러운 느낌을 갖게 한다.
　'어릴 적 잔병치레 심해 용한 박수무당 찾아갔더니/
일흔을 못 넘길 팔자라/개새끼라 부르면 수명을 이어
간다고 하더라//팔자에 과부살이 없다던데/올해 병
신생 예순아홉 아홉수에 날 삼재/잘못 걸리면 혹 떠
날까 봐/날마다 입으로 불러재끼는//개경전//개새끼
개새끼 암캐 새끼 수캐 새끼/죽일 놈의 무당 개새끼'
정말 기가 찬 표현이다. 장수를 위한 주문이 '개새끼'
라니, 가장 천박한 말을 내뱉음으로써 가장 귀한 것
을 취하고자 하는 반어적 의미가 담긴 주문, 그 주문
을 외는 사람도 상대를 위한 마음이고 그 주문을 듣

는 사람도 자신의 팔자에 낀 액을 물리치고 복을 불러들이는 벽사구복辟邪求福의 뜻을 지닌 주문이란 걸 알기 때문에 기꺼이 욕을 듣는다. 부부가 살아가다 보면 정겨울 때도 있지만 미울 때도 있다. 개경전을 보면 정겨울 땐 더욱 정이 깊어지고, 미울 때는 미움을 정으로 변하게 하는 묘약이 되는 개경전인 '개새끼 개새끼 암캐 새끼 수캐 새끼/죽일 놈의 무당 개새끼'라는 주문이다. 특히 마지막에 죽일 놈의 무당 개새끼라는 말을 넣은 것이 개경전의 능청이요, 시치미 떼기다. 상대에게 욕은 욕대로 다해놓고 그 욕은 내가 나쁜 감정을 갖고 하는 욕이 아니라, 욕을 듣는 사람의 장수와 복을 기원하기 위해 반드시 해야 하는 욕임을 강조한다. 그것도 매우 영험 있는 존재인 무당의 힘을 빌려 욕을 하는 것이다.

신의 계시를 인간에게 전하고 인간의 뜻을 신에게 고하는 매개 역할을 하는 무당은 지금도 일부 사람들에겐 신령스러운 능력을 가진 존재로 인식되고 있다. 그 무당이 만들어 준 주문인 개새끼라는 욕인 '개경전'은 주문을 듣는 객체에게는 신령스러운 능력을 발휘케 하는 존재로 둔갑하게 되는 것이다. 개경전이 주술적 능력과 친밀감을 표출하기까지는 그 주문 이

면에 숨은 능청과 시치미 떼기도 한몫 했을 것이라
생각한다.

  맏딸로 태어나 집안일 도맡았던 언니
  형제 중 유독 키가 작았다

  솜씨 좋은 언니가 차린
  두레 밥상은 해물들의 집합소

  문어 뱅어회 암꽃게
  해산물로 가득한 점심상
  동생들 해물 해 먹인다 요란이다

  욕 잘하는 형부는
  —씨발 내만큼 복 많은 놈 있으면 나와봐라

  해물 수북이 쌓인 밥상 향해
  식전 입가심으로 마신 술기운을 내뱉는다
  키 크고 인물 좋다고 시집간 언니
  앞치마에 늘 오징어 먹물만 진하게 배어 있었다

  베란다에 목을 빼니

밤섬이 확 트인 언니 집

술 취한 바다와 뱃놈이
니나노 가락을 맞추기 시작한다

　　　−「언니의 밥상」 전문

　옛날 시골 오일장에서 오랜만에 만난 친구끼리 주
고받는 인사가 있다. '아이구, 문둥아 장에 왔나?',
'그래, 찌랄한다! 니도 장에 왔나?' 하며 주고받는 대
화를 흔히 들을 수 있었다. 어찌 들으면 대화가 아니
라 욕 대행진이다. 가장 큰 아픔이 담긴 욕을 가장 반
갑고 기쁠 때 나누는 대화로 쓰고 있다. 예쁜 아이를
두고 밉상이라고 표현하는 것처럼 우리 조상들은 반
어적 표현에 매우 능하다. 욕에도 반어적 의미가 담
긴 것이 상당히 많다. 이러한 욕을 주고받는 사람 사
이에 라뽀가 형성되었느냐, 그렇지 않느냐에 따라 욕
이 되기도 하고 인사말이 되기도 한다. 두 사람 사이
에 라뽀가 형성되고 교감이 이루어진 상황에서 주고
받는 욕은 서로의 신뢰를 높이고 친밀감을 돋우는 역
할을 하지만, 그렇지 않은 상태에서 주고받는 욕은
서로에게 반감과 적대감을 쌓이게 한다. 이처럼 똑같

은 욕이라도 교감과 라뽀의 형성 유무에 따라 상대가 수용하는 감정에 엄청난 차이를 보이고 있음을 알 수 있다.

'솜씨 좋은 언니가 차린/두레 밥상은 해물들의 집합소/문어 뱅어회 암꽃게/해산물로 가득한 점심상/동생들 해물 해 먹인다 요란이다//욕 잘하는 형부는/─씨발 내만큼 복 많은 놈 있으면 나와봐라'라면서 인정 많고 음식 솜씨 좋은 언니 자랑과 함께 고생한 언니에 대한 무안함을 형부는 '씨발'이란 욕을 앞세워 친밀감과 신뢰, 사랑으로 표현해 놓고 있다. 키 작은 언니에겐 키 큰 형부가 로망이고, 형부에겐 음식 솜씨뿐만 아니라 일손이 야무진 언니가 복덩이일 것이다. 하지만 오래 살다 보면 언니 내외를 가로막는 존재가 생긴다. 바로 술이다. '앞치마에 늘 오징어 먹물만 진하게 배어 있'는 언니와 술독에 빠져 있는 형부를 보면서 속상했을 시인은 고된 시집살이를 하게 한 형부를 원망도 많이 했을 것이다. 그런데 베란다 너머 술에 취해 출렁이는 바다와 뱃사람인 형부가 어우러져 춤을 추는 모습을 보면서 언니 내외의 삶 또한 신명 난 바다만큼이나 행복한 삶을 누리고 있음을 짐작하게 된다. 형부의 욕 속에는 언니에 대한 사랑

과 신뢰, 주변 사람에 대한 친밀감이 담겨 있음을 알
수 있다.

통통하게 살이 올라
폴짝거리는 가을 보양식

뜨거워진 불판 위에 천일염 쫙 뿌려
산목숨 켜켜이 깔아 놓고

살려 달라 애원하며
작은 몸 비비 꼬아 노을로 핀다

고성 한적한 바닷가
껍질째 바싹하게 구워 대가리에 깨맛이 튀고
고주망태로 일생을 살아 술잔 빠르게 움직인다

―씨발, 나는 돈 없다
―새우, 술 너거가 다 사라

술이 늘 목구멍까지 차올라
술김에 욕지거리 너스레를 떨다
지난봄 바삐 황천길 떠나가신 형부

흰다리새우처럼 흰 등이 자꾸만 눈앞에 글썽인다

―「흰다리새우」 전문

　김유경 시인이 태어난 곳은 고성이다. 고성 바닷가 마을에는 흰다리새우를 요리해서 파는 식당이 많이 있다. 새우의 크기가 대형이고 맛이 좋은 흰다리새우를 시인의 형부가 즐겨 드신 것 같다. 늘 친척을 초대해서 대접하던 형부는 고주망태가 되어 '―씨발, 나는 돈 없다/―새우 술 너거가 다 사라//술이 늘 목구멍까지 차올라/술김에 욕지거리 너스레를 떨'어대던 형부, 그러나 말과는 달리 이미 손님 접대는 형부가 다 결제한 상태다. 욕 잘하고 인정 많고 신명까지 많은 형부는 '지난봄 바삐 황천길 떠나가'셨다. 그해 가을 다시 찾은 흰다리새우 집, 흰다리새우를 먹으면서 돌아가신 형부를 떠올린다. 아니 형부의 욕지거리를 떠올린다. 그 욕에는 인정과 신명, 형부에 대한 그리움이 담겨 있었다.

　욕쟁이 형부는 술자리를 자주 가졌다. 술자리엔 항상 형부의 욕지거리가 눌어붙어 있었다. 시인은 하동 횡천에서 했던 미나리축제장에서도 돌아가신 형부를 만났다.

'옆 좌석 불콰해진 얼굴의 사내 하나/귀에 익은 고
함소리를 낸다//지난해 세상을 뜬 형부 생각에/눈물
이 핑 돈다//지랄 같은 세상 이런 맛으로 살지/술도
욕도 다 형부 차지였던 세상/니기미 사람 사는 게 뭐
별거 있나/어찌 말투까지 형부랑 닮았을꼬'

ー「미나리 축제」 일부분

곱게 자란 언니를 고생시킨 형부가 미울 법도 하지만
혀 꼬부라진 술꾼의 욕지거리를 들으며 형부를 떠올린
다. 형부에 대한 기억은 모두 그리움으로 남아있다. 형
부가 내뱉은 욕지거리에 대한 그리움일 수도 있다.

공동체적 유대감과 생명 존중의 미학이 담긴 먹거리

한국의 음식문화는 조선 후기의 소반이 남녀유별 ·
장유유서 등의 유교적 이념의 상징이 될 만큼 역사적
으로 독상 차림을 기본으로 하면서도 여럿이 식사를
할 경우 자기 접시의 음식만을 거두는 서양의 방식과
달리 맛과 함께 정情을 공유한다는 점에서 독특하다고
볼 수 있다. 찌개 같은 경우 우리는 각각 자신의 입에
들어갔던 서로의 숟가락을 냄비나 뚝배기 같은 그릇

하나에 한꺼번에 넣고 휘저으면서 먹는다. 한 그릇의 국물 맛마저 공유하고자 하는 태세다. 명분을 중시하여 독상을 원칙으로 하던 때를 제외하고 한국인은 혼자 식사하는 것을 좋아하지 않으며 함께 식사를 하는 사람들과 공동체적 유대감을 강하게 느끼고자 했다. "숨어서 음식을 먹으면 감기 든다."고 하는 금기어도 있다. '두레반'(두레상), '두레밥'이 시사하듯 공유하는 음식문화를 지닌 우리가 의례적으로 처음 만나는 사람이나 다시 만나고 싶은 사람에게 "밥 한번 먹자"고 하는 데도 '정을 나누자'는 뜻이 내포되어 있다.

－〈이화형 교수의 『융합으로 읽는 한국의 의식주 인문학』(101쪽)/푸른생각〉

  인간이 살아가는 데 가장 기본적으로 갖춰야 할 요소가 의식주다. 이 세 가지 중 인간의 삶에서 가장 본원적이면서 원초적인 것이 음식이다. 먹거리는 단순히 생명을 유지하는 기능만 하는 것이 아니라, 공동체적 유대감을 형성하고 정을 나누는 형이상학적 기능을 가진 매우 소중한 인문학적 요소를 공유하고 있다. 식사를 함께한다는 것은 그 행위 속에 베풂과 인

정, 소통과 존중의 의미가 스며 있어 건강한 공동체
적 유대감을 갖게 한다.

불판 위 노릇하게 타는 몸
오그라들면서 그물에
걸려든 순간을 떠올린다

좀 더 깊이 살았더라면
걸리지 않았을지도 몰라
자책하며 몸서리쳐봐도
이미 가을이 시작되었다

석쇠의 불이 가을볕을 익히면
전어 눈깔에서 광채가 돈다
온몸에선 오색 무지개 핀다

살아있을 때보다 더 화려한 빛으로 물든 몸
고소한 냄새가 세상을 뒤집어 놓는 순간
젓가락을 든 사람들도 잠깐 눈을 감는다
전어를 애도하는 시간이다

머리가 긴 사람일수록 애도의 시간도 길다

도망간 며느리가 집으로 돌아오는 오후

가을 볕살 한 움큼이 쿠쿡 창문을 두드린다
                        －「전어의 삶」 전문

  김유경 시인의 시들 중에는 먹거리를 소재로 해서
쓴 작품이 꽤 많다. 김 시인의 시에는 인간의 목숨을
위해 먹거리가 되어주는 존재에 대한 고마움과 죽은
생명에 대한 존중감이 드러나 있다. '석쇠의 불이 가
을볕을 익히면/전어 눈깔에서 광채가 돈다/온몸에선
오색 무지개 피'면서 인간을 위해 소신공양하는 전어
를 보고 희생된 생명체에 대한 애도의 마음을 갖는
다. 한 생명체의 죽음이 다른 생명체의 목숨을 잇게
하는 것은 약육강식의 먹이사슬이라고 치부할 수도
있다. 하지만 모든 생명은 모두 등가等價의 가치를 가
지고 태어났다. 물고기든 미물이든 소중하지 않은 생
명은 없다. 이것을 잘 알고 있는 시인은 먹이가 된 생
명체에 대한 미안함과 함께 그 죽음을 애도하는 마음
을 표현했다. '살아있을 때보다 더 화려한 빛으로 물
든 몸/고소한 냄새가 세상을 뒤집어 놓는 순간/젓가
락을 든 사람들도 잠깐 눈을 감는다/전어를 애도하는

시간이다/머리가 긴 사람일수록 애도의 시간도 길다'
고 하는 표현을 통해 함께 자리한 사람들 모두 한 마
음으로 애도하는 모습을 보임으로써 인류의 보편적
가치인 생명 존중 사상을 앙양昂揚하고 있음을 엿볼
수 있다.

　탱글한 육신을 밑에 깔고

　천일염 대파 무 월계수 잎
　갖가지 재료 넣은 압력솥
　압력추 소리가 요란하다
　생사를 넘나드는 울림 끝나면
　뜨끈한 수육 덩어리

　깻잎과 모듬 상추, 햇김치에 양파까지
　뜨끈한 육질 둘둘 말아
　입안에 드나듦이 분주하다

　단골병원 원장님
　3주 전 빈혈기가 있다며
　철분제보다 살코기 처방을 하신다

귀 얇은 윤달이
텁텁한 막걸리 대신 마시는
새콤달콤 매실차 한 잔

빈혈은 온데간데없고
얼굴 가득 피가 돈다

―「수육을 삶다」 전문

   김유경 시인은 인간에게 희생된 먹거리에 대한 고
마움뿐만 아니라, 함부로 다른 생명을 앗아가는 행위
를 금기시하고 건강을 회복하기 위해 꼭 필요할 때만
육식을 허용한다. '단골병원 원장님/3주 전 빈혈기가
있다며/철분제보다 살코기 처방을 하신다//귀 얇은
윤달이/텁텁한 막걸리 대신 마시는/새콤달콤 매실차
한 잔//빈혈은 온데간데없고/얼굴 가득 피가 돈'다며
건강을 되찾은 기쁨과 자신의 질환을 고치기 위한 방
편으로 다른 생명을 앗은 필연성을 부각시켜 놓은 글
이면에 죽은 목숨에 대한 속죄하는 마음도 미약하게
나마 담아 놓고 있다. 그러한 마음이 곧 생명에 대한
존중이 아닐까 하는 생각이 든다.

미래지향적 세계관이 담긴 사주명리 시詩

김유경 시인의 시에는 한국민족문화의 근저를 이루고 있는 사상인 사주팔자, 간지干支, 샤머니즘적 요소가 드러나 있는 것을 볼 수 있다. 시의 기저에 이러한 사상이 담겨 있다는 것은 시에다 신비주의적 성격을 띠게 할 뿐만 아니라, 온고지신을 통한 삶의 기준점을 제시하는데도 한 축을 담당하게 한다. 이런 무속적인 요소를 일부 사람들이 잘못 이용하여 부정적 인식을 갖게 한 점도 있지만, 한국 민중들의 세계관에 하나의 맥을 유지하면서 전승되어 온 것은 사실이다. 인간의 길흉과 화복을 미리 예견케 하여 자신의 삶을 보다 긍정적인 방향으로 전환하도록 하기 위해 마음을 새롭게 다잡는 기회로 삼는다면 이러한 문화가 지닌 순기능도 있다고 생각한다.

한국 민중의 의식 속에 깊이 똬리를 튼 명리학에는 사주를 나타내는 여덟 글자를 오행으로 분류하고, 그 오행의 상생과 상극의 관계를 분석하여 길흉화복을 판단했다고 한다. 사주팔자에서 사주四柱는 말 그대로 사람이 태어났을 때 네 개의 기둥인 연월일시를 의미하고, 팔자八字는 그 연월일시를 나타내는 간지

干支 각 두 글자를 합치면 여덟 글자가 되는데 이를 일컬어 사주팔자라고 한다. 사주팔자를 줄인 말이 팔자다.

쥐띠와 말띠가 상충
상충보다 더한 원진살 쥐띠와 양띠

믿거나 말거나 본인 마음인데
가끔 거슬릴 때가 있다

여기에 납음納音이 상생이면
그래도 괜찮은데 상극이면 극과 극이지

부모 조상님은
이래서 궁합을 중시했을까

쥐띠와 원숭이띠 삼합에 납음도 상생

그래도 한 번씩 세찬 파도가 치면
자물린 바다가 뒤집히기도 한다

　　　　　　　－「상생 & 상충」 전문

동양적 세계관에서 비롯된 10간 12지 중, 12지는 12개의 방위신防衛神인 쥐·소·호랑이·토끼·용·뱀·말·양·원숭이·닭·개·돼지와 결부시켜 길흉화복을 예측하여 흉화凶禍를 멀리하고 길복吉福을 가까이하도록 하기 위한 길을 모색한 동양 철학이다.

김유경 시인의 시「상생 & 상충」속에 녹아있는 명리학을 엿보도록 한다. 결과부터 말하자면 아무리 사주팔자를 잘 타고 나고, 납음과 궁합이 좋다 하더라도 그 개인이나 부부 사이가 모두 행복해지는 것이 아니라, 개인의 의지, 부부간의 배려와 이해가 개인과 가정을 행복하게 한다는 것을 김 시인은 말하고 있다.

김 시인은 혼인을 앞두고 몇몇 총각과 중매가 오갔을 것이다. 쥐띠인 시인에게 말띠 총각을 소개했는데 미리 사주궁합을 보니 두 사람의 납음이 〈상충〉이어서 선도 보기 전에 혼사가 불발되었고, 양띠 총각과 선을 보니 납음이 상충보다 더한 원진살이라 도저히 혼인할 수가 없는 사주였다. 그러다 삼합에다 납음도 상생인 원숭이띠인 현재의 남편과 혼인을 했다. 쥐띠인 시인과 원숭이띠인 남편은 세상에서 가장 좋은 궁합을 이룬다. 그런데 살아가다 보면 상대에 대한 배려와 이해를 잠깐 놓치는 순간, 부부 사이에 '세찬 파

도가 치면/자물린 바다가 뒤집히기도 한다'고 이실직
고해 놓고 있다. 그 난관을 잘 극복해서 지금처럼 행
복한 가정을 일굴 수 있었던 지혜를 얻는데 명리학이
일익을 담당하지 않았을까 하는 생각이 든다.

　오늘날은 사주팔자, 납음, 궁합 등의 명리학을 미신
으로 여기는 경우가 많다. 그러나 서로 조신하고 언
행을 삼갈 것은 삼가고 취할 것은 취하는 삶의 지혜
로 받아들인다면 미신이 아닌 지혜가 될 수도 있다고
생각한다. 김 시인은 이러한 명리학의 이치를 모두
꿰뚫어 보고 있는 듯한 느낌이 들었다.

　음력 섣달
　몇 마디 말에 무너진 적이 있던 나
　침묵을 지키려 해도
　때로는 불안감이 치밀기도 했지

　들삼재 눌삼재 날삼재
　삼 년을 흔들고 가는 아픔들

　믿을까 말아야 되나
　마지막까지 고민을 던진다

귀여운 손주들
두근거림을 조금씩 삭이고

뒤엉킨 나날들
숨을 토하며 저려오는 순간

지푸라기도 잡고 싶어
눈 위에 하얀 발자국 찍어

좌절이란 말은 찬밥덩이 같은 것

악랄했던 삼 년
날삼재 서서히 녹아내린다

　　　　　　－「좌절 모드」전문

　시인은 섣달을 맞아 명리학을 공부한 용한 사람을
찾아가서 새해 신수를 봤다. 새해부터 삼재가 드니까
늘 언행을 삼가고 조신하라고 명리학자가 일러준다.
　그때부터 시인은 '몇 마디 말에 무너진 적이 있던
나/침묵을 지키려 해도/때로는 불안감이 치밀'었다
고 밝히고 있다. 불안감과 함께 삼재에 대한 경구警句

를 '믿을까 말아야 되나/마지막까지 고민'을 하면서
도 자라나는 '귀여운 손주들' 생각과 '좌절이란 말은
찬밥덩이 같은 것'이라 여기며 스스로 삼재를 이겨나
가기 위해 애를 쓴다. 마침내 들삼재도 지나고 눌삼
재도 지나 '악랄했던 삼 년/날삼재 서서히 녹아내린'
밝고 새로운 운을 맞이한다.

  삼재란 인간이 9년 주기로 맞이하는 위험한 시기를
일컫는 말이다. 9년이 지나가는 시점부터 3년간 별의
별 재난을 겪게 된다고 하며 이를 삼재팔난이라고 별
도로 부른다. 삼재 1년차는 들삼재, 2년차는 눌삼재,
3년차는 날삼재라고 부르는데, 사주 쪽에서는 삼합
의 생기가 충하는 해에 삼재가 들어온다고 한다. 따
라서 삼재는 위험을 예방하고 새로운 삶을 준비하는
기회의 시간이라고 여기는 것이 합당할 것 같다. 이
러한 삼재에 대한 개념을 김 시인은 시 「좌절 모드」
에서 반어적으로 표현해 놓고 있다.

  삼재 기간 동안 언행을 삼가고 조신한 결과, 새롭고
환한 세상이 펼쳐진 시 「연둣빛 봄날」 속으로 한번
들어가 본다.

입춘 번개같이 지나가고
버들강아지 물오른 강변

삼 년을 꽁꽁 언 나날들
아무리 풀려 해도 오그라져
세월 가기만 기다린 나날
삼재팔난 다 겪고 나니 잡을 건
공한 먼지뿐인걸

다시 시작하는 날들이
새로워 절로 맑아지던 날
꽃시장을 지나다 긴기아난 모종과
제라늄 어린 것을 사 들고 가니
잠깐 볼일 있어 간다더니
꽃식물 중독이라고
운전석에서 잽싸게 한마디 해 붙인다

연둣빛 봄을 움켜쥔 중년의 양손
잡다한 생각 절로 사라지고
소생하는 봄이 영글어간다

─「연둣빛 봄날」 전문

삼재 기간인 3년 동안 미래를 위한 재충전을 한 결과 맞이하게 된 새로운 삶을 '꽃시장을 지나다 긴기 아난 모종과/제라늄 어린 것을 사 들고 가니//연둣빛 봄을 움켜쥔 중년의 양손/잡다한 생각 절로 사라지고/소생하는 봄이 영글어간다'며 인생에 있어서도 새로운 봄을 맞이한 기쁨을 만끽한다. 미신이라 내팽개쳐질 수도 있는 '민족문화'를 오늘날에 맞게끔 지혜롭게 적용만 한다면 그 미신이 곧 지혜가 된다는 것을 김 시인은 독자들에게 넌지시 보여주고 있다.

이처럼 김 시인은 인간의 운명, 즉 개인에게 주어진 사주팔자에 무기력하게 순종하는 것이 아니라, 스스로가 운명이 되어 스스로의 팔자를 개척해 나가고자 하는 의지와 지혜를 보여준다. 과거에 바탕을 둔 세계관을 가졌으면서도 미래지향적인 의지와 신념을 가졌음을 알 수 있다.

욕과 사주팔자, 오래된 미래를 꿈꾸다

김유경 시인의 시 속에 표현된 욕에는 공동체 구성원 간의 능청과 친밀감, 신뢰와 상호 존중의 의미가 담겨 있다. 상호 신뢰가 구축된 상태에서 주고받는 욕은 건강한 사회를 만드는 밑거름이 된다. 사주팔자나 간지, 삼재 등 명리학 또한 어제의 자신을 되돌아보고 새로운 내일을 만들어가는 가치를 추구하고 있음을 보여주고 있다. 식도락가인 김 시인은 음식을 통해 공동체적 유대감과 베풂의 미학을 발휘하고, 소통과 생명 존중의 세상을 열어 가고자 하는 바람을 드러내 놓고 있다. 사주팔자, 간지 그리고 욕 등 자칫 시대에 뒤떨어진 유물이라고 인식할 수도 있는 민족문화를 미래지향적인 가치로 고양高揚해 놓고, 시적 통찰로 새로운 세계인 '오래된 미래'를 제시한 김유경 시인의 노고에 박수를 보내고 싶다.